불량아들

이완근 시집

문학의전당 시인선
177

불량아들

이완근 시집

문학의전당

시인의 말

시집을 낸다고 그간 썼던 시들을 뒤적거리다보니
아픔으로 절망으로 또는 기쁨으로 다시 한 번 다가옵니다.
앞으로 더 처절하게 써야겠다는 생각도 듭니다.

부디 나의 분신들이
어느 누군가의 가슴 한 곳에서 따스하게 공존했으면
행복하겠습니다.

2014년 봄
이완근

차례

시인의 말

제1부

정경(情景) 13
성긴 눈 내리다 14
구토 16
사기꾼 17
꿈 18
아삼삼 아삼삼 20
비가 오는데 21
봄의 침묵 22
목련꽃 아래서 24
시작(詩作) 25
경비 아저씨 26
불완전변태 사랑 28
상가(喪家)에서 29
불량아들의 일기 30
그리움 32
맛있는 풍경 33
면도를 하며 34
상처, 나다 36

제2부

하루살이　39
고추잠자리　40
거울　41
그대에게　42
가을날　44
그 여자　45
막걸리 같은 사랑　46
할미꽃　48
꽃에게　49
인사동　50
상처　51
시골에 내리는 비　52
여름 매미　53
이별　54
가을 하늘　55
바늘귀　56
장례식장에서　57
봄날 오후　58

제3부

핑계 61
검은 오월 62
봄날 63
선천성 그리움 64
착한 시청자 65
황무지 66
지금 나에게 67
봄꽃 68
반성문 69
없는 그리움 70
낙엽 72
우리들의 그대 74
비 오는 날 76
오월 풍경 78
부재 79
눈물 80
봄봄 81
겨울꽃 82

제4부

공존 85
행복한 귀머거리 86
공(空) 87
시골에서 온 전화 88
밤비 90
내 사랑은 오래갔네 91
투명한 사랑 92
시(詩) 94
나는 부활을 꿈꾼다 96
변소 앞에서 98
운수 좋은 날 99
길 100
수업료 102
친구에게 104
주인 꿈 106
눈 108
바보 동생 109
놀이 110

발문 | 봄날은 이제부터다 111
  | 고운기 (시인)

제1부

정경(情景)

지하철 안
머리가 희끗한 할아버지 한 분이 꾸부정하게 일어나
둘둘 만 신문지로
건너편에 앉아 있던 할머니 어깨를
툭, 건드린다
겸연쩍은 할머니는 입가에 미소를 머금고
할아버지 뒤를 바짝 따라 내리는,
정겨운 어느 겨울 오후

성긴 눈 내리다

성긴 눈 내리고
이제 나를 떠난
기억 속에 흐릿한
너를 생각한다

화랑들도 이 눈을 맞았으리
성긴 눈 맞으며 활을 쏘고
창을 날렸으리

이제 눈은 깊이를 더해
그 깊이를 더해
어미의 어미 눈앞까지 쌓이고
나는,
나를 잊은 너를
생각한다

춘향이도 이 눈을 맞으며
그네를 뛰었으리

그녀는 이 눈을 맞으며
무슨 생각을 했을까

성긴 눈 내리고
나는 한 여인과
동굴과
무덤이 되어버린
들판을 걸어간다

성긴 눈
난분분 난분분 나려
흐릿한 기억
선명하게 토해낸다

구토

한때는 나의 입안을, 뱃속을
심지어는 마음속까지 행복하게 했을
토사물을 보며
이제는 내 곁을 떠나간
너를 생각한다
한때는 내 눈을, 내 손등을
내 머릿속까지 꽉 채웠던 너
어지러운 정신으로
꾸역꾸역 변기 속을 채우고 있는
토사물,
와구와구 그 구토를 빨아들이고 있는
변기를 보며
나는 생의 반 토막을 게워내고
반 토막을 재생한다

어떤 날
구토는
구원이다

사기꾼

나는 사기꾼이다
딸에게 마당이 있는 집도 마련해주지 못했고
아내에겐 달콤한 말도 못하고 있으며
어머니의 굽은 허리를 펴주지도 못하고 있다

못하는 게 어디 이것뿐이랴
한 사람 가슴에 남을
시 한 편 못 만들고 있으니
시인이란 이름의 사기꾼이
어이 아니랴

사기꾼이 사기 치니
사기충천인 닭 우는 새벽이다

꿈

언제나 저녁 비둘기는 대밭을 날아올라
태양이 저물어가는 서쪽 산꼭대기로 향했다
저녁노을이 빠알갛게 달아오르기 시작하면
동네 아이들은 소를 몰고 산으로 향했다
날파리조차 쫓기 싫은 배부른 소는 느릿느릿 걸음을 옮기고
꼬마들은 돌멩이를 강가 저 멀리까지 날렸다
버들강아지로 휘파람을 불어제치기도 했다
해가 기울어 소를 앞세우고 집에 돌아오면
아버지는 뒤꼍에서 장작을 패고 계셨고
어머니는 저녁 감자를 가마솥에 삶고 계셨다
멍석 깔린 앞마당엔 저녁상이 놓였고
외양간의 소는 큰 눈만 껌벅이고 있는데
한 대 얻어맞은 바둑이는 모깃불 옆에서
아직도 미련을 버리지 못하고 꼬리만 흔들고 있었다
저녁을 마치면 밤하늘의 별을 보며 할머니의 옛날이야기를 듣다가
하나 둘씩 잠이 들었다

잠이 들어서도 아이들은 할머니 꿈을 꿨다
그리고 어른이 된 오늘도 꿈을 꾼다. 아련하게 또렷하게

아삼삼 아삼삼

시를 읽다가,
왜 닭 모가지도 아닌데
비틀죠?

TV를 보다가,
쟈가 쟌가?

누에는 일곱 번의 잠을 자고
안주로 나온 오징어 다리
두 개가 비었다

길을 걷다가,
떨어진 십 원짜리 두 개

개가 컹컹 짖는다
석양이 노랗다

비가 오는데

비가 오는데
술 마시는데

　천
　　　　지
　사
　　　　방

그리움이다
빗방울이다
전선 위에
나무줄기에

술을 먹는데
비가 오는데

봄의 침묵

꼭꼭 숨어라 머리카락
보일라

19호 아주머니가 막걸리
세 통을 들고 초인종을
누릅니다 나는 초인종 소리가
싫습니다 막걸리 한 통이 초인종을
누릅니다 그녀에게도 고민은
많습니다 듣다보니
산적합니다 내 골칫거리보다도
많습니다 술을 따르는 그녀의 손등이 형광등 아래
빛납니다 가만히 껴안아줍니다

밖에서는 벚꽃 영그는 소리 여간 소란스럽지
않습니다 그녀의 입술이 내 입술에
닿습니다 그녀의 전율이 내 젖꼭지에
전선 위의 참새처럼 다가옵니다

내 고민이 뭔지 아니?

김종삼 시집 위에 따르다 만 막걸리 반 통이
바람소리를 내며 놓여 있습니다
내 혀는 그녀의 자궁을 향해 고래처럼
질주합니다 석양이 노랗게 물드는 게
보입니다 사자는 초원 위에서도 편안하지
않습니다 그녀의, 파르르 파르르 떠는 손끝을 보며 고민을
생각합니다 마침내 그녀가 내 눈을
바라봅니다 나는 그녀의 가슴만을
애무합니다

밖에서는 봄꽃 피는 소리 요란하고
석양은 노오랗게 물들었습니다

나도, 그녀도 고민에 대해 더 이상 얘기하지
않습니다
봄날이 다 가도록 침묵합니다

목련꽃 아래서

4월이었다
목련꽃이 흐드러지게 핀 골목길이었다

등이 굽은 할머니 한 분이
목련꽃 그늘 아래에서
"오메 반갑다. 또 이렇게 피워줘서 겁나게 고맙다야."
연신 중얼거리고 계셨다
마치 주문을 외우고 계신 것 같았다
지나가는 사람들은 아랑곳없다는 듯 감탄해 마지않았다
목련이 참 예쁘게도 피었었다
봄바람이 곱게도 스쳐 지나가고 있었다

나는 그 모습을 물끄러미 바라보다가
할머니께서 내년에도 이 목련꽃 그늘 아래에서
이렇게 간절하게 목련꽃을 다시 보기를
진심으로 기원했다
목련이 흐드러지게 핀 4월 아침이었다

시작(詩作)

시 두 봉지를 주고
참깨 한 말을 받았다

우리 집에선 시도 돈이 되는
세상이라며 모처럼 즐겁다

시 두 봉지를 주고
얻은 깨 한 말

우리 집은 봄볕보다
참깨 향내 더 가득하다

봄날은 이제부터 시작이다

경비 아저씨

우리 아파트 경비 아저씨
눈 오면 열심히 눈길 쓰네
머리 하얗도록 빗질하네
출근길 눈 마주치기 전에
인사하네
"저 양반은 뒤통수에도 눈이 있나봐."
배꼽 인사하며 혼잣말하네

시골에서 김장김치가 온 날
누군가 보내온 열두 병 막걸리 한 박스
낑낑대며 굳이 가지고 오네

투가리 막걸리 한 사발에
며느리 자랑
텃밭 고추 농사 얘기
나는 졸리네

땡깡 하나 물고 우리 집을 나서면서도

잘나가던 옛날 추억
착착 앵기네

"앞으로 택배 걱정은 붙들어 놓으시랑게요."
갈지자 옆구리 끼고 경비실 침대에 눕힌 지 몇 분
인터폰 울리네
"얼레 그 물건은 1301호 거랑게요."

잠 또 다 잤네

불완전변태 사랑

당신 애꾸눈이었으면 좋겠어요
다른 사람 제대로 보지 못하도록

당신 뚱보였으면 좋겠어요
다른 이들이 눈독들이지 않도록

당신 절름발이였으면 좋겠어요
내 당신 업고 세상 구경 나가리

오늘도 우리는
불완전변태 사랑을 익힌다

상가(喪家)에서

영정을 보며 절을 두 번 합니다
상주와는 절을 한 번 합니다
상주에게도 절을 두 번 하고 싶습니다

즐비한 꽃들을 보며 망자를 생각합니다
입구부터 현란한 꽃들을 보며 상주를 생각합니다
저 꽃들은 망자를 즐겁게 하겠지요?
아니 상주를 더 즐겁게 하는 것 같습니다
나도 즐거움 하나를 더했습니다

육개장을 먹으며 망자를 얘기합니다
커다란 은덕을 얘기합니다
 술 취한 나는 얼굴 한 번 본 적 없는 망자를 위해 덩실덩실 춤을 춥니다
 이승에서 여기 모든 눈에 거슬리는 것들 거두어 가시라고
 얼굴도 모르는 망자를 향해 신나게 춤을 춥니다

불량아들의 일기

술을 마시다가 얼굴에 상처가 났다
아스팔트길이 꾸불꾸불 일어났다
전봇대가 갑자기 달려들었다
부끄러운 일이다
이 나이에 얼굴이나 긁고 다니다니……
사람들과의 약속도 차일피일 미루던 어느 날,
시골 어머니께서 꿈자리가 사납다며
애호박이며 고추, 고구마를 한 보따리 싸들고
우리 집을 갑자기 방문했다
오십을 넘긴 아들내미가 아직도 못 미더운 거다
왜 갑자기 오셨냐며 화를 내다가
시골 얘기에 밤을 꼬박 새다가
침침한 눈으로 아들의 얼굴에 난 상처를 못 알아보는 어머니가
나는 안도가 되었다
어머니께서 시골로 돌아가시는 길을 배웅하던 나는
갑자기 눈물이 나기 시작했다
가을 낙엽보다도 가벼워 보이는 모습 때문이 아니었다

잘 있으라며 주머니에 무언가를 찔러 넣어주시던 어머니
내 주머니 속에는 안티프라민이 들어 있었다
아들의 얼굴에 난 상처를 이미 보고도
못 알아보신 척하신 마음을 나는 비로소 알았다
집으로 돌아오는 내내 나는
연고만 만지작 만지작거렸다
거리를 내리쬐는 햇볕 때문에 눈도 제대로 뜨지 못하고

그리움

내 생각이 네 생각이기를
네 기도가 내 기도이기를

내 그리움이 너뿐임을
어찌 너만 모를까

맛있는 풍경

팔월 늦여름

잡풀이 우거진 아파트 공원 후미진 곳

남녀 한 쌍이 벤치에 앉아 도란도란하더니

방금 들려오는 소리가

지렁이 울음소리네 아니네 하며

한바탕 웃음바가지를 쏟아내더니

이내 한 입술이 된 두 사람

무성했던 풀벌레 소리 잠시 멈추고

바람도 휘돌아가네

면도를 하며

아침에 일어나 면도를 한다
밤새 충전해두었던 면도기를
얼굴에 대자
거목 쓰러지듯 우렁찬 소리를 내는 녀석
시원한 삶의 현장

어제 아침
면도를 하려다가
앓아누운 할머니보다도 더 병약한 소리를 내는
전기면도기를 탓했었다
초벌 모내기 논만큼 띄엄띄엄 깎였었다
며칠을 쓰기만 했던 모양
밤새 전기를 주었더니
이 우렁찬 소리

면도를 하며
사람이나 동물이나 기계나
세상에서 활동하는 모든 것들

먹은 만큼 일한다는 사실을,
준 만큼 보답한다는 사실을,
안다
세상의 이치 또 깨닫는다

출근길에
머리에 띠를 둘러맨 사람들
무엇인가 더 달라고 아우성하는 모습
보인다

상처, 나다

오른손이 하는 일을 왼손이 모르게 하랬는데
오른발이 다친 걸 왼발이 먼저 아네

상처는 오른발이 났는데
신음은 왼발이 먼저 하는 이치

목발 하나 짚고
도 닦는 한 사내

세상의 절반은 아파하는 자의 몫,
나머지 반절은 그대들의 것

제2부

하루살이

하루살이 몇 녀석이
어떻게 방안으로 들어왔는지
무던히 신경 쓰이게 한다

휙, 휙,
파리채를 잘도 피한다
땀까지 나게 한다

에라이
무시하면 제깟 것들이
내일까지 가겠어?

포기가 때론 약이 된다

고추잠자리

얼마를
더
달려가야
가을 식구 될까?

가을 햇살 아래
찬연하게
엉덩이까지 빨개진
저,

거울

흐트러진 자세 하나
용납할 수 없다는 듯
빈틈없는 저 묘사
그러나
저기
왼쪽 눈을 오른쪽에
오른쪽 눈을 왼쪽에
놓고
시치미 딱 떼고 있는

그대에게

그대여
힘들게 고개 넘어오는 그대여

그대로 하여
잉태하는 모든 것,
일수 이자에 복리를 더하여
그대에게 다 되돌려주려니

새벽의 신선함을 몰고 오는 그대여
저녁의 고요를 몰고 오는 그대여
힘들게 고개 넘어오는 그대여

그윽한 눈빛이랄지,
잔잔한 미소랄지,
부드러운 손짓이랄지,
달러 이자에 복리를 더하여
그대에게 모두 되돌려주려니

달빛에 나뭇잎 익듯
무논에 물 들어가듯
그렇게 내게
오·소·서

가을날

가을바람이 가을 산 나무들에게 한마디 툭, 전한다
무슨 소리일까?
어떤 녀석은 혼비백산하고
또 어떤 녀석은 못 들은 체하는데
아따 귀도 밝소잉
금세 빨개진 저 가을 산
내 마음조차 흔들어놓고

그 여자

카스를 좋아하던 여자가 있었네
걷기를 즐겨하고 웃기를 자주하고
그림을 사랑했던 여자

그러나 세상에 비켜서 있던 여자
그러나 눈물 흘리지 않던 여자

비가 비실비실 오던 날
내게 비실비실 다가오던 여자
바람이 휑하니 불던 날
내 마음속에 휑하니 나타났던 여자
터벅터벅 걷던 나에게
터벅터벅 걸어왔던 여자

내 마음속에 징검다리 하나
튼실하게 지어놓은 여자

막걸리 같은 사랑

따르면
부풀어 오르기만 하는
맥주 같은 사랑보다

너무 투명하여
낯빛을 알 수 없는
소주 같은 사랑보다

적당히 털털하고
알맞게 뽀얀
막걸리 같은 사랑
하고 싶다

거품도 일어나지 않고
너무 잔잔하지도 않고
열정을 안으로 삭이고 삭여
엄마 젖 같은 이 술

먹어도 먹어도 취하지 않을

마셔도 마셔도 줄어들지 않을

막걸리 같은 사랑,

하고 싶다

할미꽃

버리시더라도
자지러지더라도

온 세상

한마음일란다
따를란다

바위처럼
구름처럼

할배 묘똥 옆
흐드러진

꽃에게

내 그리움, 외로움
반으로 나누고 쪼개서
봄볕 양지쪽에 널어놓으리, 먼지로 부스러질 때까지
내 영혼까지 바짝 말라
눈물마저 가슴마저 하나가 되었을 때
바람결에 날려 보내리

그리하여
내 그리움, 외로움
저 꽃 속에서 부활하려니

인사동

인사동에서
낭자하게 술 취한 한 남자
무슨 말인가 한참을 지껄이는데
가만,
귀 기울여보니
사. 랑. 은.
미들 거시 못 된다

웃으며 지나치려다
내 마음속을 파고드는 저 한 마디,
나도 못 믿을 사랑을 해왔구나
취한 머릿속에 찬바람 휙 지나간다

어떻게 해야 믿을 사랑이 되나요?
뒤돌아 물어보려는데
술 취한 그 남자 보이지 않네

상처

시골 마을 입구엔 아름드리 느티나무가 떡하니 버티고 있었다
마을 사람들은 동네에 들어설 때마다 나무에 경배했다
마치 느티나무는 마을 사람들의 수호신 같았다
때가 되면 그 나무에 풍장을 치며 제사를 지내기도 했다
꼬맹이들은 나무 아래에서 놀았고 나무를 타고 놀았다
까치들은 느티나무에서 아침이 왔음을 온 동네 사람들에게 알렸다
서러운 일이 있던 날, 아버지와 느티나무를 찾았다
―봐라, 이 나무가 우람한 건 상처를 이겨내기 위해서 이렇게 혹을 만들었기 때문이란다
그때 나무는 상처를 먹고 자란다는 것을 나는 알았다

상처에 상처가 덧나 쓰라린 오늘,
개 짖는 마을 풍경, 바람소리 내는 느티나무 생각나고……

시골에 내리는 비

그리움이 짙어지면 몸살이 되고
몸살이 깊어지면 빗방울이 되는가?

저 미치도록 퍼붓는 비, 빗방울,
할머니는 툇마루에서 떠날 줄을 모른다

그리움은 몸살이 되고
몸살은 빗방울이 된다

여름 매미

이른 새벽
누군가를 위해 시를 읽는 것은 행복한 일이다
밤새 마신
털털한 막걸리 목소리로
시를 읽는다는 것
목청을 가다듬고 시를 외운다는 것

매미는 자지러지게도 울어쌓는다
저 매미도
행복한 일일 것이다

이별

죽음이 우리를 갈라놓을 때

우린 어떤 족보를 남길까?

가을 하늘

바다 빛깔보다 그리운 내 마음
저 하늘에 걸어놓았더니
내 마음보다 더 그리운 네 마음
하얀 구름으로 피어나누나
어화둥둥 피어나누나

저기 저, 갈 하늘
그리움으로 뭉쳐 차마
못 올려보것네

바늘귀

가슴에 구멍을 모으며 모으며 살았네
괴로움을 이유로
슬픔을 이유로

오늘도 가슴 한구석 구멍 하나 만들고
그물을 만들어도 되겠네

취한 채 잠이 들었네
시골 어머니 이불을 꿰매고 계시네
그런데
한 땀 한 땀 꼿꼿한 바늘
벼락으로 단련했을 추상같은 저 바늘
달랑 구멍 하나 만들어놓은
저 꼿꼿한 정신

꿈속의, 어머니의 바늘이
내 마음을 콕, 콕, 찌르네
불호령하네

장례식장에서

낭자한 울음소리
이승을 넘어 저승까지 넘나들겠네
대치할 것 찾을 수 없는 흐드러진 울음소리
저승을 넘고 돌아 구천을 떠돌겠네
빈 몸으로 왔다가 남루로 가는
울음소리 가득한 장례식장
눈물이 쌓여 마음이 하나 되는 곳

망자여,
모두의 허물, 모두의 굴레
모다 모다 껴안고 영면하소서

봄날 오후

살아온 시간보다
살아갈 시간이 적은
생각 많은 봄날 오후

느으린 음악 소리,
내 생도 저렇게 늘어지려니
저 햇살 늘어지듯이

책상 위에선 똑딱, 똑딱 시계 소리
꽃은 또 지누나, 저 소리 맞춰

소나기를 기다리는 건
지친 꽃잎만이 아니란 걸
나 봄날 오후 문득 깨닫네

제3부

핑계

말레이시아에서 공부하고 있는
딸에게서 전화가 왔다
책 몇 권이 필요하다고 했다
인터넷으로 주문했다

책 주려고
쿠알라룸푸르행 비행기 티켓도 같이 예약했다

검은 오월

아는 사람이
노름을 한다고 했다
'미친 놈, 남의 돈 따면 속 편할까'
속으로 중얼거렸다

가만,
곰곰이 생각해보니
세상사 다 노름일세
투전판일세

2009년 5월
거리거리는 검은 상복 행렬
비 오는데
낙숫물 소리 아니 들리고

봄날

봄술 먹고 그댈 찾으니
그대 모습 아니 보이고
밤 봄꽃
세상에 흐드러지나니
그대 모습도
흐드러지게 피어나더이다

선천성 그리움

보고
싶다보고
싶다보고싶다
보고싶다보고싶다
보고싶다보고싶다보고
싶다보고싶다보고싶다보고
싶다보고싶다보고싶다보고싶다
보고싶다보고싶다보고싶다보고싶다
보고싶다보고싶다보고싶다보고싶다보고
싶다보고싶다보고싶다보고싶다보고싶다보고
싶다보고싶다보고싶다보고싶다보고싶다보고싶다
보고싶다보고싶다보고싶다보고싶다보고싶다보고싶다
쿠알라룸푸르의 우리 딸

착한 시청자

점심을 먹습니다
저녁을 먹습니다
술을 먹습니다
나는 아침은 먹지 않습니다
9시 뉴스를 보니
점심과 저녁과 술 말고도
또 다른 것을 먹은 사람들의 얼굴이 보입니다
저들은
먹지 말아야 할 것을 먹었다고 9시 뉴스는 말합니다
밥과 술 말고도
또 다른 먹을 것이 대통령 주변에는 있는 모양입니다
전직 대통령의 누구라고 9시 뉴스는 알려줍니다
5년 전에도 들었던 얘기를 계속합니다
착한 시청자인 우리는 듣고 또 듣습니다
5년 후에도 저 뉴스는 계속될까요?

황무지

밥에 물 말아 먹다가
아니
물에 밥 말아 먹다가

왈칵,
눈물 나는 일 있더라

황무지 같은 내 삶에
스쳐 지나온 세월에

왈칵 눈물 나더라
왈칵 눈물 나는 일 있더라

그러나
황무지도 일구기 나름이라고
콧잔등의 눈물,
새벽마다 씻어내는 사람 있더라

지금 나에게

지금 나에게
꽃피는 소리
보이지 마라

지금 나에게
저녁연기 긴 그림자
들려주지 마라

지금 또 나에게
뜨거운 햇살 아래 달궈지는 조약돌
말하지 마라

지금 내게 절실한 건
그대의
손짓뿐

봄꽃

그대 그리움
'툭' 꺾어진 자리

그대 눈물
'뚝' 떨어진 자리

봄꽃 한 송이
대신 피었네

반성문

야야,
고생헌다, 사노라고

아니,
술 묵느라고

새벽마다
나에게 쓰는

없는 그리움

그리움은
시도 때도 없이 온다

빗방울 속에
방울방울 매달려 오고

울긋불긋
단풍 속에 스며 오고

휘몰아치는 눈송이 속에
벙그는 꽃봉오리 속에
환절기 기침소리에도 있다

일 년을 참고
12월을 넘어
새해 아침에도 어김없이
없는 너

그리움은

새해 첫날에도 온다

낙엽

봄 햇살,
여름 뙤약볕,
머금고 품어
고이 간직하더니

드디어
분기탱천하는 기상
머리끝에서 발끝까지
온통
그리움이로구나
절정이로구나

이제
스치는 바람에
나뒹구는,

아,
낙엽은

그대가 보내온
연서

우리들의 그대

여보세요,
조심하세요
손대면, 아니 쳐다보기만 해도
큰일나요
그는,
살아 있는 폭탄이 되었어요
물, 불장난은 하지 마세요
저기 오고 있어요
가능한 한 빨리 납작 엎드리고
눈을 마주치지 마세요
그는
자글자글 타오르는 태양 아래서도
나무 그늘 밑에 쉬지 않고
대추알 같은 비가 쏟아지는 폭풍우 속에서도
우산을 받지 않아요
단지 눈을 부라리고
중얼중얼하지도 않고
앞만 보지요

새들의 상냥한 지저귐이라거나

잔잔한 바다 위에 떠 있는 몇 척의 돛단배,

보름달 아래 지천으로 피어 있는 배꽃,

포플러 잎의 반짝거림도

그의 마음을 돌려놓진 못해요

다만 도시를 날려버릴 듯한

위풍당당함으로

우리를 쫓지요

여보세요,

조심하세요

나그네처럼 재빨리 숨으세요

가능한 한 납작 엎드려서 그가 지나가길 기다리세요

그가 또 언제 올지 나는 몰라요

비 오는 날

비가 옵니다

온 식구가 툇마루에 모여 앉아
빈대떡을 부쳐 먹으며
오는 비를 바라봅니다

할아버지는 비 때문에 쑤신 허리를
할머니께 맡기시고,
힘이 부치시다는 할머니는
그러나 잘도 할아버지 허리를 주무르십니다

아빠는 "단비가 오시는구나" 웃음 지으시며
삽을 들고 논으로 나가십니다

지글지글 프라이팬 위의 엄마의 손은 더욱 바빠집니다

새침떼기 큰누나는 남자 친구의 전화를 받으며
까르르 까르르 즐겁습니다

나와 동생은
내일 소풍이 취소될까봐
가슴이 두근두근합니다

오늘, 비는,
우리 가족 모두에게
각각으로 다가왔나 봅니다

오월 풍경

밤새
누구하고 놀았더냐

아침 햇살 아래
퍼래져만 가는 신록을 보며

참새 한 마리
조잘조잘 잘도 꾸짖어대고 있다

부재

비 오면 방울방울 그대 얼굴입니다
낙엽 지면 가닥가닥 그대 모습입니다
그대는 어둠과 함께 스멀스멀 찾아옵니다

꽃 속에, 글자 속에, 세상 속에
그대뿐입니다

쌀 씻고,
집 짓고,
이부자리 까니
그러나 그대
보이지 않습니다
서럽게 그대 모습 아니 보입니다

그대는 정녕 어디에 있나요?

눈물

뜨거운 심장이 내는,
땀방울

봄봄

하늘을 향해
"펑" "펑" 고함치고 있는 저 오만함,
세상의 모든 응어리, 그리움, 한을
우주 밖으로, 밖으로 몰아낼 것 같은
저 방자한 불꽃놀이처럼

오늘, 봄 꽃봉오리
퍼엉 펑
퍼엉 펑
세상을 놀라게 하고 있다

겨울꽃

저,
얼어붙은 입가에 핀
부처님 같은 미소

지상에 뜬
또 다른
붉은 해 하나

제4부

공존

배암이,

오뉴월
달구어진 대지를
납작 엎드려 살 맞대고 가는 이유는
뜨거움을 몰라서가 아니야

소중한 이 품에 안듯
지구 돌아가는 소리
온몸으로 휘감아 느끼고 싶은 게야

내 맘이,

행복한 귀머거리

하늘에서 별이 쏟아지듯
펄떡거리는 돌고래 바다에서 솟구치듯
장미 한 송이 새벽이슬에 벙글듯
내 사랑 이렇게 찾아왔네

어느 날 그렇게 시나브로 찾아와
내 작은 가슴속에 새싹 키웠네

별 같은 여인이여
인어 같은
꽃 같은 여인이여

지금
온 세상은
여인의 향기로 가득 차서
나는
눈먼 벙어리가 되었네
행복한 귀머거리가 되었네

공(空)

네,
내,
가슴속
머릿속

찌그러진 것
냄새나는 것
빛바랜 것
덜컹대는 것

동그랗게
예배당 종소리처럼
보이지 않게

시골에서 온 전화

늦은 시간
시골에서 어머니 전화가 오네
오늘
장팔리 아주머니가 돌아가셨다 하네
멀쩡하게
산 두렁에 있는 밭의 비닐을 거두다가
어지러워서 병원에 갔다가
그 자리에서 돌아가셨다 하네
그 양반
밭에 올 때마다
물 마신다며 들어와
객지에 있는 딸 자랑 해가 지도록 늘어놓더만
참 좋게 세상 사시더만
벌써 돌아가셨네
하시네
장팔리 아주머니 선행이 꼬리를 무네
전화기 속의 목소리가 하도 간절하기도 하여
나는 장단만 맞추는데

"야야, 근디 왜 좋은 사람들은 빨리 돌아가시는지 몰라"
전화기 저쪽, 시골 어머니의 목소리가
서울의 바쁜, 아들내미의 귓전을 아직도 맴도네

밤비

이것은
동학군의 나팔소리
삼일절의 만세소리
육이오의 따발총소리

낭자하게
소리의 역사를 아느냐 묻더니

이윽고
오뉴월 산사
스님의
목탁소리

시방은
시골 시악시
젖무덤 크는
소리

내 사랑은 오래갔네

오래오래 익은 사랑
단단한 바위처럼 굳은 줄만 알았더니
흐르는 물처럼 끊일 줄 몰랐더만
허망하여라
내 사랑
이제 자취를 찾을 수 없네

내 사랑은 그리하였어라
바위인 척하다가
물인 척하다가
연기처럼 사라져버렸구나

아지랑이 피어오르는 이 봄에
들판을 서성거리는
초라한 한 사내
보인다

투명한 사랑

잊기 위해
오늘도
술집을 찾는다
찰랑거리는 술잔으로
너를 잊으리라
다짐하지만
소주잔 속
소주의 투명함 만큼이나
더욱 또렷해지는
네 모습

— 컴퓨터 화면 지우듯
그렇게 쉽게 잊을 수는 없을까

잊어야지, 잊어야지
다짐하며
오늘도 술집을 찾는다만
절망의 깊이만큼

찰랑거리며 넘쳐오는
그리움

술집 속에, 술잔 속에
너를 버리지 못하고
가슴 한구석 그리움만 키운 채
오늘도
술집을 나선다

시(詩)

시시한 시는
절대
없다

시는
산사의 언어

스님의 목탁소리처럼
고요하게
어린아이의 뜀박질처럼
경쾌하게

총총총

총소리 울려 퍼진다
악어는 꺼이꺼이 운다
새들은 노래하지 않는다

그러나
총소리를 이겨내는 저 장단음

혼탁의 시대
시는
부활하고
또 부활한다

산사의 목탁소리처럼
어린아이의 뜀박질처럼

나는 부활을 꿈꾼다

늦은 시간,
늦은 나이에
나는,
이런 생각을 한다

왜 나는 사는 걸까?
지금 이 시간
내가 이 세상에 없다면
어떤 표시가 날까

기부금을 주는 고아원도 없고
라면 한 박스 사다주는 양로원도 없다
고향을 떠나는 친구의 발걸음을 멈추게 할 수는 더욱 없다

내가 이 세상에 없다면
누가 나를 아쉬워할까
살아온 날의 흔적이

살아갈 날의 희망이 될까

늦은 나이
늦은 시간에
나는 부활을 꿈꾼다

변소 앞에서

묵었으면 묵은 만큼
내놓아야지, 아암

묵고도 내놓지 않으면
언젠간 터지지
아암

느그 집엔 밴소도 읎나?

구린내가 솔솔 풍기는
변소 앞에서
살아생전 할머니
되살아나신다

먹었으면 먹은 만큼
내놓아야지, 아암

운수 좋은 날

저녁을 일찍 먹었네
라면을 불어가며
스포츠 뉴스에서 기아가
연승했다는 소식을 듣고
입이 함박만 해지네
버트 랭카스터와 데보라 카의
해변에서의 멋진 연기가 보기 좋은
〈지상에서 영원으로〉를 보네
예쁜 아내는
와이셔츠 다림질을 하며 가끔씩
나에게 미소를 보내고
기아의 연승과
멋진 영화와
사랑스런 아내가
오늘은 운수 좋은 날이라고
하네

길

어머니, 보셔요
환한 해바라기 얼굴을 하고
아기자기하고 둥글고 예쁜
조약돌 되어
동화 속의 꽃길을
떼 지어 갔었어요

무서워요, 어머니
폭포 속으로 으르렁거리는
바닷속으로
하나, 둘 뛰어들고 있어요
노래를 부르며 그치다
다시 외치고
장밋빛 피를 흘리고 있어요
보셔요, 이쪽에선
땀을 흘리고 있어요
신명나는 춤들을 추고 있어요
기도를 드리고 있어요

잡지 마셔요, 어머니
한 송이 꽃이길 원해요
모두
활짝 필

수업료

까맣게 잊고 지내다가
이맘때만 되면
내가 잘못 살고 있다는 느낌이
문득

육십만 원이면
황소 한 마리가 아니라
그 크기만큼의 상처를
도려내는 것이 아닌지
시골의 부모님은
보기도 어려운 고지서를 받아들고
많은 돈에 대견해 하며
서로의 허리를 쓰다듬기도 하지만
이제 일 년만 기다리면
올림픽복권처럼
오백 원짜리가 일억 원이 되는
희한한 복권처럼
그런 날이 올 거라고 믿고 있는 터이지만

돈도 백도 없는 서울의 대학생인 나는
쌀밥보다 더 미끈한 시를 꿈꾸지만
고향보다 더 감칠나는 노래를 꿈꾸지만
그런 노래가 더 굽을 부모님의 허리를 펴게 할 수 있을까?

까맣게 잊고 지내다가
이맘때만 되면
내가 잘못 살고 있다는 느낌이
문득

친구에게

아버진
하이얀 씨를 뿌리고
하이얀 꿈을 꿨지
그때

아버진
황금빛 이삭을 거두며
황금빛 웃음을 날리고

아버진
피빛 돈을 받으며
피빛 울음을 토했다
시방

친구여!

먼 훗날
피빛 돈은 쌓여

무엇이 될까 몰라

주인 꿈

나의 주인은 가까이 서서
한쪽 눈을 달라고
한다
나는 주저없이 한쪽 눈을 주고
즐거워한다

즐거워진 주인은 이번엔
한쪽 귀를 달라고
한다
나는 유쾌하게 한쪽 귀를 잘라
준다

나는 그러나
더 멀리 볼 수 있고
더욱 많이 들을 수 있다

신이 난 주인은
코를 베어가고 팔을 가져가고

입과 다리와 나머지 눈과 귀를 싹둑 잘라
간다

그러면 이제 나는 누가
잠재우지 않아도
내가 먼저 잠들고
잠든 나는
눈과 귀가 없는
병신이 된
주인 꿈을 꾼다

눈

눈이 온다

눈이
오는데
칠팔월의 비처럼 빨리 와서
깨끗이 쓸어가지 못하고

망설이며
망설이며
서성이다가

차마,

꼬옥 안다
사물들

바보 동생

우리 동생은 바보
유치원 공부
배추는 어디에서 날까? 물으면
시장이라네
할머니도 바보
동생 말이 맞다고
호호호 맞장구치네

우리 동생은 바보
유치원 공부
"커서 뭐가 될래요?" 빈 칸에
아빠 각시 된대요
껄껄껄 웃으시는
할아버지도 바보

우리 집은 이상해

놀이

마침내 한 아이가
실팍한 돌로
뱀의 머리를 내리찍었다
자지러지는 뱀을
어떤 아이는 작대기로 푹 찌르고
다른 아이는 침을 퉤 하고 뱉었다

마차 한 대가
선명한 자국으로 그 위를 지나가고 있었다

가을 황혼 무렵
고샅길에서였다

발문

봄날은 이제부터다

고운기 시인, 한양대 교수

1.

축제 때면 내가 다니던 국문학과는 시화전을 열었다. 글깨나 쓴다는 친구들에게 기다려지는 행사였다.

시뿐만 아니라 자신이 직접 그림을 그리기도 하였으니, 시화전을 통해 재주가 있고 없음이 두루 드러나게 마련이었다. 사실 학생 사이에서는 평소 누가 시를 좀 쓰는지 알려져 있어서, 이번에 그 친구의 어떤 작품이 우리를 놀라게 할까 기대하기도 하였다.

강의실 하나가 방과 후면 화실로 변했다.

거기에는 재학생만 아니라 동문 선배도 함께하였다. 이미 등단한 선배 시인을 만난다는 또 다른 즐거움.

나는 언제쯤 등단이라는 절차를 거쳐 시인이 될까, 시인의 자격으로 옛 강의실을 찾아와 시화를 만들 수 있을까, 내 시가 세상에 나가 많은 사람의 가슴을 적실 작품이 되기는 될 건가.

어느 때보다 축제의 가슴 설렘은 시화전을 준비하는 한 달 남짓 우리들의 미래와 결부되어 고양되었다.

시화전을 오픈하는 날 아침이면 분주했다. 액자에 담긴 완성된 시화를 찾아오고, 공대 건축학과의 협조를 받아 그들이 쓰는 이젤을 빌려오고, 학생회관 앞 공터를 전시장으로 확보해 진열하였다. 학과의 교수와 학생이 모여 엄숙히 치르는 테이프 커팅, 축제 기간 동안 시화는 자랑과 부끄러움을 함께 안고 모두에게 선보여졌다.

그리고 기다림—.

전시장은 당번을 정한 순서대로 지키지만, 당번이 아니더라도 주변을 떠나지 못하고 맴돌기 일쑤였다. 누가 찾아올지, 누군가 내 시를 읽고 한마디 하지 않을지, 더 신경 쓰이기로는, 정말 누군가 예쁜 꽃이라도 한 송이 시화 끝에 걸어주지나 않을지.

마음에 둔 여자 후배가, "형, 이번 시도 참 좋아요!"라고 말 걸어온다면 뭐라고 답할까.

그때 여학생들은 남자 선배를 '형'이라고 불렀었다.

하지만 아쉽게도 나의 기억 속의 시화전에는 꽃도 여자

후배도 없다. 아주 의례적으로 달아주는 후배의 꽃송이와, 해가 뉘엿뉘엿 넘어가면 술 마시러 가자고 이끄는 선배가 있을 뿐이다. 물론 그건 내 시가 결코 못나서가 아니요, 나를 좋아하는 후배가 없어서가 아니었다. 나는 지금도 그렇게 믿고 있다.

마음에 두고서도 표현하지 못한 후배와 꽃이 있을 뿐이다.

밤새
누구하고 놀았더냐

아침 햇살 아래
퍼래져만 가는 신록을 보며

참새 한 마리
조잘조잘 잘도 꾸짖어대고 있다
―「오월 풍경」 전문

이완근의 시집을 읽으며 그래서 이 시가 먼저 잡혔다. 밤새, 아니 인생의 절반을 이미 꺾어 넘으며, 나는 누구와 놀았을까? 참새의 지저귐도 꾸짖는 소리로 들리니, 아마도 밤새 논 그 자리가 내 인생을 치환해 넣을 흡족한 매개

항은 아닌 듯하다. 그러므로 "그대 그리움/'툭' 꺾어진 자리//그대 눈물/'뚝' 떨어진 자리//봄꽃 한 송이/대신 피었네(「봄꽃」)라고 대답할 뿐이다. 나를 대신하여 봄꽃이라도 피었으면 다행이다.

그렇듯 누구나 순간순간 아쉬움과 안타까움 속에 지난 날을 돌아보는 경우가 더 많다.

사실 이완근은 이미 학생 시절에 문사의 재질을 충분히 보여주었고, 그 재질이 문단에서 피어나리라 촉망받던 나의 국문학과 후배이다. 5월 시화전을 나와 똑같이 가슴앓이로 보냈을 것이다. 예상보다는 늦게 그의 등단 소식을 들었지만, 빠르고 느림이 무슨 상관이랴, 언제 시작한들 제 몫을 해낼 시인으로 믿어 의심하지 않았다.

이 시집 속의 이완근은 아주 길고 넓은 자장 속에 놓여 있다. 아마도 학생 시절에 쓴 시도 들어 있는 것 같다. 길고 넓은 생애의 프리즘 같은 편편이 일목요연하게 들어오지 않을 정도이다. 생각 같아서는 좀 더 일찍 자신의 문학적 도정을 한번 털어낼 쇼케이스가 있었으면 했다.

그러나 이것으로 나쁘지는 않을 것이다. 앞서 보인 두 편의 시로도 늦으나마 시원히 자신을 비워냈다 싶어서.

참새가 날아와 꾸짖는 자리에 봄꽃이 대신 피었다.

점심을 먹습니다

저녁을 먹습니다

술을 먹습니다

나는 아침은 먹지 않습니다

9시 뉴스를 보니

점심과 저녁과 술 말고도

또 다른 것을 먹은 사람들의 얼굴이 보입니다

저들은

먹지 말아야 할 것을 먹었다고 9시 뉴스는 말합니다

밥과 술 말고도

또 다른 먹을 것이 대통령 주변에는 있는 모양입니다

전직 대통령의 누구라고 9시 뉴스는 알려줍니다

5년 전에도 들었던 얘기를 계속합니다

착한 시청자인 우리는 듣고 또 듣습니다

5년 후에도 저 뉴스는 계속될까요?

―「착한 시청자」 전문

2.

이완근은 잡지를 편집하고 발행하는 일을 한다. 썩 돈과는 크게 인연이 닿지 않는 일일 것이다. 잡지의 내용으로 보아서는 그가 하는 일이 겉으로 보기에 부럽기 짝이 없다. 잡지에 나오는 아주 예쁜 모델들과 기념사진을 찍어 자신의 페이스북에 올린 것을 나 또한 여러 번 보았다.

  그러나 그의 일상은 수지를 맞추기 위해 안달하는 작은 잡지 경영자의 하루하루이다. 그러나 그 일상이 세상에서 정직하다고 말하는 틀 속에 있음을 나는 느껍게 생각한다.

    아침에 일어나 면도를 한다
    밤새 충전해두었던 면도기를
    얼굴에 대자
    거목 쓰러지듯 우렁찬 소리를 내는 녀석
    시원한 삶의 현장

    어제 아침
    면도를 하려다가
    앓아누운 할머니보다도 더 병약한 소리를 내는
    전기면도기를 탓했었다
    초벌 모내기 논만큼 띄엄띄엄 깎였었다
    며칠을 쓰기만 했던 모양
    밤새 전기를 주었더니
    이 우렁찬 소리

    면도를 하며
    사람이나 동물이나 기계나

세상에서 활동하는 모든 것들

먹은 만큼 일한다는 사실을,

준 만큼 보답한다는 사실을,

안다

세상의 이치 또 깨닫는다

출근길에

머리에 띠를 둘러맨 사람들

무엇인가 더 달라고 아우성하는 모습

보인다

— 「면도를 하며」 전문

  충전해놓은 면도기를 들고 면도를 하다 이완근은 세상과 인과응보를 생각한다. 먹은 만큼 일하고 준 만큼 보답한다는 이 평범한 깨달음이 왜 소중한 것일까? 세상의 돌아가는 형편이 이토록 평범한 진실을 자주 배반하기 때문이다. 일용할 양식으로 밥과 술이 아닌 또 다른 것을 허겁지겁 먹어치우는 식탐의 무리가 세상을 이끌어가는 그룹이다. 그것이 못내 불안하기 때문이다.

  이완근은 이 배반과 불안의 그림을 자신의 시 속에서 비판하는 데 주저하지 않는다.

  그렇다고 그가 완벽한 도덕적 무장자인가? 나는 그의

낱낱을 알지 못한다. 시가 거짓말을 하지 못하는 신비한 구조임을 믿는다면, 시적 언설(言說)로 짐작해 들어가는 심성은 정직을 정직대로 알려주기에, 호들갑스럽지 않은 그의 비판적 시각이 믿음직스러울 뿐이다.

자신을 '불량아들'이라 말하는 이완근의 이 사건은 또 무엇인가.

"아스팔트길이 꾸불꾸불 일어"나고 "전봇대가 갑자기 달려"드는 경험은 국문학과 학생 시절에나 하는 것 아닌가? 나이 들어 이런 일을 겪고 보니 부끄럽기도 하겠지만, 일에 치어 떠다니는 처지에 술자리 또한 일이라, 노모는 누가 전해주지도 않았는데 불상사를 직감한다. 그것을 애써 숨기려는 시련의 아들이여!

> 술을 마시다가 얼굴에 상처가 났다
> 아스팔트길이 꾸불꾸불 일어났다
> 전봇대가 갑자기 달려들었다
> 부끄러운 일이다
> 이 나이에 얼굴이나 긁고 다니다니……
> 사람들과의 약속도 차일피일 미루던 어느 날,
> 시골 어머니께서 꿈자리가 사납다며
> 애호박이며 고추, 고구마를 한 보따리 싸들고
> 우리 집을 갑자기 방문했다

오십을 넘긴 아들내미가 아직도 못 미더운 거다
왜 갑자기 오셨냐며 화를 내다가
시골 얘기에 밤을 꼬박 새다가
침침한 눈으로 아들의 얼굴에 난 상처를 못 알아보는 어머니가
나는 안도가 되었다
어머니께서 시골로 돌아가시는 길을 배웅하던 나는
갑자기 눈물이 나기 시작했다
가을 낙엽보다도 가벼워 보이는 모습 때문이 아니었다
잘 있으라며 주머니에 무언가를 찔러 넣어주시던 어머니
내 주머니 속에는 안티프라민이 들어 있었다
아들의 얼굴에 난 상처를 이미 보고도
못 알아보신 척하신 마음을 나는 비로소 알았다
집으로 돌아오는 내내 나는
연고만 만지작 만지작거렸다
거리를 내리쬐는 햇볕 때문에 눈도 제대로 뜨지 못하고
  ─「불량아들의 일기」 전문

 안티프라민─. 흔히 찔러 넣어준다고 하면 지폐를 연상하는데, 어머니의 지혜와 인정의 총합체는 이 화학약품 하나로 살아온다. 사실의 시화(詩化)이기는 하나, 어머니에게 급소를 '가격'당한 이 아들은 이제 그 '보복'을 딸에

게 하려 드는데, "말레이시아에서 공부하고 있는/딸에게서 전화가 왔다/책 몇 권이 필요하다고 했다/인터넷으로 주문했다//책 주려고/쿠알라룸푸르행 비행기 티켓도 같이 예약했다"(「핑계」)는 아들은 아직 하수이다. 쿠알라룸푸르행 티켓이 어찌 안티프라민을 넘어설 것인가.

다시 나와 이완근이 서 있었을 5월의 교정으로 간다.

축제의 떠들썩한 마당 한 편에 시화가 걸려 있다. 국문학과의 시인 지망생은 소란이 소란으로 들리지 않았다. 소란 속의 고요, 고요 속의 파도—. 그것이 시화전 아니었던가. 마음의 파도가 말로 튀어나와, 들뜬 학우들을 향해 조용히 소리쳤다. 액자 속의 시화로 잡혀 들어가 앉은 이 아우성—. 단 한 사람이 알아보고, 꽃 한 송이 걸어주기를 기다리던 신록의 5월 교정 한 모퉁이가 언제까지나 푸를 듯했다.

시 두 봉지를 주고
참깨 한 말을 받았다

우리 집에선 시도 돈이 되는
세상이라며 모처럼 즐겁다

시 두 봉지를 주고

얻은 깨 한 말

우리 집은 봄볕보다
참깨 향내 더 가득하다

봄날은 이제부터 시작이다

—「시작(詩作)」 전문

이 도서의 국립중앙도서관 출판시도서목록(CIP)은 서지정보유통지원시스템 홈페이지(http://seoji.nl.go.kr)와 국가자료공동목록시스템(http://www.nl.go.kr/kolisnet)에서 이용하실 수 있습니다.(CIP제어번호: CIP2014008880)

문학의전당 시인선 177

불량아들

ⓒ 이완근

초판 1쇄 인쇄	2014년 3월 24일
초판 1쇄 발행	2014년 3월 31일
지은이	이완근
펴낸이	김석봉
책임편집	이현호
디자인	조동욱
펴낸곳	문학의전당
출판등록	제311-2012-000043호
주소	서울시 은평구 연서로11길 7-5 401호
편집실	서울시 마포구 마포대로 127, 413호(공덕동, 풍림VIP빌딩)
전화	02-852-1977
팩스	02-852-1978
블로그	http://blog.naver.com/mhjd2003
전자우편	sbpoem@naver.com

ISBN 978-89-98096-70-0 03810

*이 책의 판권은 지은이와 문학의전당에 있습니다.
*양측의 서면 동의 없는 무단 전재 및 복제를 금합니다.
*잘못 만들어진 책은 바꿔드립니다.